LE PETIT
JARDIN POTAGER

PRINCIPALEMENT

Les pratiques essentielles pour l'entretien d'un jardin
Le choix — la culture

INDIQUANT

Une liste des légumes — l'époque de ... les droits, l'époque
d'... les semer et plantation — la manière de les cultiver, celle
de les conserver longtemps pour votre table toute l'année

METTRE SUR ... ET ... POSSIBILITÉ

pour la ... intérêt,

... par ... Vilmorin, Ami...

VILMORIN

L. MOREL

LE PETIT

JARDIN POTAGER ET FRUITIER

Lyon. — Impr. de V⁰ Fr. Lépagnez, petite rue de Cuire, 10.

LE PETIT
JARDIN POTAGER
ET FRUITIER

RENFERMANT

les principes essentiels pour l'entretien d'un Jardin
Maraîcher et Fruitier

CONTENANT

Une liste des principaux Légumes et Fruits, l'époque
de faire les semis et plantations, la manière de les cultiver, celle
de les conserver l'hiver pour en avoir toute l'année,

SUIVI D'UNE

NOTICE SUR LES PLANTES D'ORNEMENT
POUR LA PLEINE TERRE,

leur mérite spécial, leurs habitudes, leur culture

PAR

Mce RIVOIRE	**F. MOREL**
Horticulteur-Grainier,	Arboriculteur,
pour le Potager	*pour le Fruitier*

Membres de la Société d'Horticulture pratique
du Rhône, etc., etc.

SE TROUVE

CHEZ Mce RIVOIRE, MARCHAND GRAINIER,
Rue d'Algérie, 16,

LYON

LE PETIT

JARDIN POTAGER

Il n'est pas besoin de faire l'éloge du jardin potager, il se recommande assez de lui-même, et il n'est personne qui n'en sente le besoin s'il n'en comprend toute l'importance. Le premier jardin qui ait existé était un jardin potager, et Virgile, que tout inspirait, a chanté les choux et les salades. Il ne pressentait pas le système des assolements, il l'ordonnait. Combien serait coupable de lès-jardinage celui qui de nos jours agirait sans tenir compte de cette loi de la nature : à savoir qu'une essence quelconque ne doit pas remplacer immédiatement du moins la même essence (légumes, arbres ou plantes quelconques), puisqu'on l'a dit il y a deux mille ans et qu'on n'a cessé de le répéter depuis.

Un jardin potager bien tenu n'est pas seulement très intéressant et très agréable à visiter ; mais la richesse de ses productions alimentaires ajoutent un intérêt bien autrement puissant, et si on y ajoute la somme hygiénique qu'en retire la santé et l'économie du ménage, on sera surpris de voir encore de ces jardins laisser des désirs à formuler.

Chaque famille de la campagne ou des environs des villes devrait avoir son petit jardin potager ; et tout amateur, dans son jardin fleuriste, un coin de terre destiné à la culture de légumes variés. Cette culture ne demanderait pas beaucoup de travail et procurerait une certaine aisance à celui qui s'y livrerait.

Essayons d'exposer en quelques mots la

situation la plus favorable pour établir un jardin potager aussi bon que facile à bien soigner. Il va sans dire qu'on ne peut pas toujours l'avoir dans les conditions désirables; mais tout est relatif.

Voici les conditions :

1° Qu'il soit clos de murs, lesquels seront garnis de poiriers et pommiers du côté nord et à l'ouest, de bonnes vignes au midi, et de pêchers au levant et au midi si besoin était. Dans la plate-bande longeant le mur du midi on fait les semis précoces du printemps ; dans celle du nord on fait les semis d'été.

La haie de thuya vive plantée au nord (à défaut de mur) vaut mieux qu'une cloison qui laisse passer la *bise*.

Le mur présente cet autre avantage qu'il clot mieux et garantit mieux les plantes contre les animaux de basse-cour qu'une haie.

2° Qu'on ait abondamment de l'eau et facile à transporter.

3° Le terrain du jardin potager doit être meuble, c'est-à-dire de terre franche. S'il est argileux, compacte, c'est-à-dire ce qu'on appelle de terre forte, il importe de le rendre meuble en y mêlant soit de la cendre de houille, soit des débris de vieux mortier passés à la grille (pas de plâtre de démolition) ou du sable amené par les pluies dans les fossés ou réservoirs. C'est ainsi que, peu à peu et sans frais, on prépare le jardin potager. Il est préférable qu'il décline au levant ou au midi, et qu'il soit aussi près que possible de l'habitation du jardinier ou du cultivateur.

Pour les gros légumes tels que choux, cardons, etc., il serait à propos de miner ou défoncer le sol de 50 à 75 centimètres; dans les parties où la couche de terre est peu profonde, l'on doit défoncer successivement et à plusieurs années d'intervalle, afin de ne pas trop mettre de mauvaise terre dessus, ce qui empêcherait les semis d'y réussir jusqu'à ce qu'elle soit améliorée par le travail et les engrais. Une fois cette amélioration obtenue, c'est-à-dire au bout de trois ou quatre années, l'on peut redéfoncer à 10 ou 15 centimètres de profondeur en plus que la première fois, et ainsi de suite jusqu'à la profondeur voulue. En défonçant ainsi et en y cultivant la première année de gros légumes tels que : choux, cardons, haricots, etc., etc., les avantages seront considérables tout en économisant beaucoup d'arrosage, et l'on aura des produits bien plus avantageux.

Les engrais à employer dans ce jardin doivent être le fumier de litière et le terreau. On prépare le dernier en ramassant dans les chemins, dans les cours, toutes les immondices qui s'y trouvent; on les met en tas, et lorsque le tout a fermenté pendant un certain laps de temps, on a un terreau excellent qui, mêlé avec la terre, adoucit cette dernière et la rend très fertile.

Les terrains légers ou siliceux doivent recevoir de préférence du fumier d'étable.

La direction à donner aux lignes, tables ou planches, est celle du midi au nord, afin que chaque plante ait sa part de lumière et de chaleur.

Il est bien entendu que la plus grande propreté doit régner dans le jardin, quelles que soient les plantes cultivées. Il faut souvent sarcler et biner, surtout le lendemain des pluies d'orage qui tassent la terre et la rendent imperméable à l'air.

Si l'espace réservé au jardin potager est assez étendu pour permettre la culture fruitière, l'on pourra avantageusement y utiliser les plates-bandes des allées (voir page 52). Lesdites plates-bandes pourront même être garnies de plantes florales, ce qui contribuera pour une large part à l'attachement que l'on doit avoir pour le jardin.

CHOIX DE PLANTES

PAR ORDRE ALPHABÉTIQUE

à cultiver dans le Jardin Potager.

Le nombre de bons légumes est bien plus grand que celui indiqué dans cet ouvrage, le but étant de ne recommander que les principaux et la facilité avec laquelle on peut les cultiver et se procurer des variations de nourriture dans les exploitations rurales et maisons de campagne où souvent le jardin potager est trop négligé.

Ail. — On plante les cayeux de novembre à mars à 15 centimètres de distance en tous sens. Lorsque les feuilles de la plante commencent à jaunir, on couche la tige sur terre et on arrache les oignons en août pour les pendre par groupes dans un lieu sec.

Artichaut. — Il se multiplie par œilletons que l'on détache d'avril à mai, du pied-mère. On déchausse avec soin ce dernier, et à l'aide d'une spatule, on détache de la tige l'œilleton enraciné. On n'en laisse à la mère que deux ou trois, les mieux disposés et les plus vigoureux. On choisit les mieux enracinés et les plus forts parmi ceux extraits, et on les plante à demeure à environ 80 centimètres de distance les uns des autres. Plantés dans de bonnes conditions, ils fructifient la même année.

Si on a la précaution d'en replanter une partie chaque année, on récolte des fruits en été sur les anciens pieds et en automne sur les nouveaux.

L'œilleton ne doit pas être mis profond ; il faut que l'extrémité supérieure de la tige *(cœur)* soit à l'air libre ; s'il était recouvert de terre il pourrirait.

Cette observation doit être rigoureusement suivie, car de là dépend la réussite de la plantation.

Tous les trois ou quatre rangs l'on doit

laisser la place d'un rang (où l'on cultive
pendant l'été d'autres légumes annuels) pour
y prendre la terre nécessaire pour recouvrir
les plantes d'artichauts l'hiver; mais avant
de les butter on entoure les plantes de feuilles
sèches, de balles de blé ou de la paille, et l'on
jette la terre autour; le dessus doit avoir une
couverture mobile que l'on retire quand la
température est douce pour leur donner de
l'air et que l'on remet à l'approche du froid.
Cette précaution les empêche de pourrir à la
suite des hivers humides.

Asperge. — Pour faire une aspergère
deux systèmes sont en usage. Le premier consiste à enlever toute la terre de l'espace à gar-
nir, à 20 ou 25 centimètres de profondeur; à
mettre les griffes dans le bas-fond à 60 centimètres les unes des autres, et puis à rapporter
chaque année une partie de la terre enlevée
jusqu'à ce que la surface du sol ait repris son
niveau.

L'autre système consiste à faire des fosses
ou tranchées par rangs espacés de 60 centimètres. On enlève la terre de la largeur du fer

de la bêche (environ 20 centimètres) et de 20 à 30 centimètres de profondeur. On tasse bien la terre avec la bêche sur l'espace compris entre les tranchées. On plante ensuite les griffes d'asperges au fond de la tranchée à environ 60 centimètres de distance et à 3 ou 4 centimètres de profond, en étalant bien les racines.

Les soins à donner aux plantations dans l'un et l'autre systèmes sont les suivants : on arrache les herbes au fur et à mesure qu'elles poussent ; on coupe les tiges des asperges lorsqu'elles sont sèches, et avant l'hiver. On met une couche de bon terreau ou de fumier bien consommé sur chaque rang. Ces opérations sont répétées chaque année.

Trois ans après la plantation, on peut travailler et niveler la terre, mais il ne faut pas bêcher profond, afin de ménager les racines.

Au printemps de la quatrième année jusqu'à la fin de juin, on peut commencer à cueillir les asperges. Ensuite on les laisse pousser librement. Lorsque les tiges sont mûres on les coupe : on donne une façon à la terre avec un trident, et on couvre de fumier.

Aubergine. — On sème l'aubergine de janvier à avril sur couche. On repique les jeunes plants en plein soleil, de 40 à 60 centimètres de distance, suivant la richesse du terrain, lorsque les gelées ne sont plus à craindre. On leur donne de copieux arrosements pendant les grandes chaleurs. La variété la plus cultivée et la meilleure est la *violette longue*.

Barbe de capucin. (Voir Chicorée amère).

Betterave. — La culture de cette plante est trop connue pour que nous entrions ici dans de longs détails sur ce sujet ; celle du jardin potager diffère peu des autres dites de pleine terre. Les variétés pour salade sont la *rouge ronde* ou *rouge foncé*, la *crapaudine*, la *jaune à salade*.

Cardon. — On sème le cardon du 15 avril au 15 mai par petits poquets, distancés de 80 centimètres à 1 mètre. Ce semis peut se faire dans un carré d'oignons ou de laitues, ou de tout autre légume de peu de durée ; ceux-ci étant enlevés, on donne à la terre un bon labour, et les cardons, en se développant, occupent toute la place. — On met de 5 à 6 graines par poquet pour parer aux accidents atmosphériques ou autres : mais on ne laisse se développer que deux plantes, les plus vigoureuses ; une seule peut au besoin suffire.

Un des ennemis les plus redoutables du cardon est la courtillière. On l'en préserve au moyen de feuilles de zing ou de fer blanc, longues d'environ 30 centimètres, larges de 10 centimètres. On réunit les deux extrémités de ces feuilles en forme de cercle ; on les enfonce en terre, en laissant un rebord de 3 centimètres au-dessus du sol. Le pied se trouve être ainsi cuirassé.

Les variétés de cardon les plus estimées sont le *Plein inerme*, le *Puvis*, l'*Epineux de Tours* (difficile à récolter à cause de ses épines) ; le *Blanc d'Espagne*, délicat et à côtes creuses.

Lorsque le cardon est gros, en octobre et novembre, on rejoint ses feuilles par un lien et on les fait blanchir en les enveloppant de paille ou de litière avant l'hiver ; puis on les arrache pour les rentrer au cellier ou en cave sèche. On peut aussi le laisser sur place entouré de paille ou de feuilles sèches et le couvrir de terre en ne laissant à l'air que l'extrémité de ses feuilles. Enfin on peut, après avoir creusé une fosse de 60 à 80 centimètres, les mettre droits dedans sans les serrer. Lorsqu'il fait froid, les recouvrir de paille; et quand il ne gèle pas, leur donner de l'air.

Carotte. — La carotte se sème à la volée de février à juillet; de février à avril la variété *courte hâtive* pour la récolter en mai et juin ; d'avril à juillet la *demi-longue*, pour l'automne et l'hiver.

La semer au printemps pour l'hiver est une mesure défectueuse, parce qu'elle *se fend* dans la terre, dépérit en été et devient coriace. Cependant, l'excellente variété *Demi-longue nantaise* est moins sujette a ces inconvénients que l'ordinaire. La *Blanche transparente* est aussi très recommandable comme qualité. Les anciennes longues sont un peu délaissées à cause de leur lenteur à venir et de leur chair coriace. — Pour obtenir de belles carottes, il faut éclaircir les semis trop drus en espaçant les plants de 8 à 12 centimètres, et même davantage dans les bonnes terres.

Pour les conserver l'hiver et les garantir des gelées, on les met en silo, c'est-à-dire dans des trous que l'on fait en terre, qu'on remplit de carottes que l'on couvre de paille et de terre formant un ados, et l'on bat la terre avec la bêche, de manière à ce que les eaux pluviales ne puissent pas les atteindre ; l'on peut également les couvrir sur place avec de la litière, mais par ce dernier moyen elles poussent plus vite au printemps. La variété dite carotte nantaise se conserve facilement sans soins et en place.

Céleri. — On sème le céleri de février à mai, d'abord sur couche, puis en plein air. On repique les jeunes plants en planches distancées de 30 à 40 centimètres. — En faisant tremper la graine dans l'eau ordinaire, on facilite sa germination. Les variétés préférables sont le *céleri nain hâtif*, le *céleri plein blanc*, le *céleri turc*, le *céleri rave d'Erfurt*. On cultive ce dernier pour la racine qui est charnue, ainsi que l'indique son nom.

Les céleris craignent la gelée ; il faut donc les couvrir de feuilles sèches, ou de litière, ou les rentrer au cellier avant l'hiver comme les cardons. On les consomme lorsqu'ils ont blanchi.

Cerfeuille. — On sème cette plante en été dans un endroit un peu ombragé, au printemps et à l'automne en plein soleil. La variété à feuilles crispées est plus ornementale que l'ordinaire comme garniture d'un plat servi sur table, mais elle n'a pas d'autres avantages. Elle est du reste plus délicate, c'est-à-dire moins rustique.

Chicorée. — On peut commencer à la semer de février à mars sur couche, et de mai à juillet à la volée en pleine terre et en ligne. On la repique en planches espacées de 20 à 40 centimètres, suivant le volume que doit acquérir la variété et la richesse du sol. Pour les premiers semis, on emploie de préférence des graines de deux ou trois ans, même de quatre. Plus les graines sont anciennes, moins les plants sont sujets à monter. Lorsque les plantes sont grosses, on les fait blanchir, soit en les couvrant d'un paillasson, soit en les liant ou en les couchant dans la terre par un temps très sec. Quand vient la gelée, on rentre la chicorée au cellier, en ayant soin de laisser aux racines un peu de terre que l'on serre avec les mains, et on les plante près à près de manière à ce qu'elles se resserrent les unes aux autres. Il en est de même pour les Ch. Scaroles.

Nota. Si l'on peut donner de l'air dans le cellier, il faut le faire toutes les fois que la température le permet, c'est-à-dire qu'il ne gèle pas ; ces précautions s'appliquent pour tous les légumes fermés ou couverts.

Les meilleures variétés sont la *chicorée fine d'Italie*, pour le printemps et l'été ; *la chicorée de Germond ou de Picpus*, pour l'été ; la *chicorée de Ruffec*, la plus grosse et la plus rustique, pour l'été, l'automne et l'hiver, et la *chicorée de Meaux*, pour l'automne et l'hiver.

Chicorée scarole. — Se cultive comme les précédentes.

Chicorée sauvage. — Pour avoir cette chicorée douce et tendre, il convient de renouveler le semis chaque mois. Cependant, semée au printemps, elle repousse tout l'été et même l'hiver, lorsqu'il n'est pas rigoureux.

Si l'on veut faire de la Barbe de Capucin, il faut conserver la chicorée amère semée du printemps précédent, que l'on arrache au mois de novembre ou décembre; on établit dans la cave une ou plusieurs couches de terre légère ou de fumier bien consommé, de 6 à 8 centimètres d'épaisseur sur 65 de largeur; on couche lesdites racines de chicorée, la tête en dehors, et on les recouvre d'un lit de terre de la même épaisseur sur laquelle on replace un nouveau rang de racines, que l'on recouvre de même et ainsi de suite. La température égale de la cave et le défaut de lumière ne tarde pas à faire pousser des feuilles étiolées et sans couleur, qu'on récolte à mesure qu'elles sont suffisamment développées; on mouille au besoin, si l'on a employé de la terre trop sèche.

La variété *améliorée* est préférable, semée en août et septembre pour être récoltée en hiver et aux premiers jours de printemps.

Elle remplace la laitue et la chicorée frisée lorsque celles-ci manquent.

Chou d'York. — Quatre variétés : le *Gros*, le *Petit*, le *Cœur de bœuf* et le *Pain de sucre*. On sème les graines en août et septembre, et l'on repique les semis en octobre et novembre. Ils donnent leurs produits en mai et juin suivants. Généralement on repique les choux de 40 à 80 centimètres de distance, suivant le volume qu'ils sont destinés à acquérir et dans un sol bien défoncé, bien fumé.

Chou cabus ou pommé. — Quatre variétés : le *Joannet* ou *Nantais*, le *Saint-Denis*, le *Brunswick* et le *Quintal*, ce dernier le plus volumineux. Leur précocité est indiquée dans l'ordre que nous venons d'indiquer en commençant par le Joannet. Les semis se font de mars à mai.

Les semis de choux, en général, comme toutes les autres crucifères, sont sujets à être dévorés par l'altise, petit insecte qui en est très friand. Pour en préserver les jeunes plants, il faut les bassiner deux ou trois fois par jour, pendant les chaleurs.

Diverses manières de conserver les Choux pommés pendant l'hiver. — Il est prudent de mettre une partie de la récolte à l'abri des fortes gelées. L'on peut arracher les choux et les replanter près à près dans un cellier ou une cave sèche ; ou bien encore, les pendre au plancher. Pour cette manière, on doit toujours choisir les sujets les plus durs ou les mieux pommés.

Pour les autres, planter tout simplement près à près la tête tournée au nord et recouverts de paille pendant la gelée, en ayant soin de les découvrir quand il fait beau, et recouvrir à l'approche des gelées.

Chou Milan ou **Frisé**. — Le chou Milan trapu et le Gros Milan des vertus peut se semer en mars pour l'été, et en mai et juin pour l'hiver ; le chou Milan Gros des vertus vient beaucoup plus gros, mais il est moins hâtif. Tous deux semés en mai et juin, ils résistent bien en place aux gelées ; pour cela il faut, à l'entrée de l'hiver, enlever un peu de terre du côté du nord, on incline le chou de ce côté et on met la terre que l'on a enlevée sur le pied et le chou du côté du midi. L'on doit toujours choisir de préférence pour la consommation immédiate les pommes les plus dures, c'est-à-dire les plus faites, car c'est toujours celles-ci qui craignent le plus la gelée.

Chou de Bruxelles. — Les produits sont en forme de petite pomme à l'aisselle des feuilles et très estimés des gourmets. On le sème de mai à juin ; on le récolte d'octobre à février ou mars. Il résiste aux grandes sécheresses et au grand froid. Il n'est pas assez cultivé.

Chou rave. — Quoiqu'on puisse le semer dès mars, le mieux est d'attendre mai ou juin. On repique les jeunes plants quand ils sont assez forts. Avant les gelées on l'arrache et on les rentre au cellier. Le *violet* et le *blanc hâtif* sont les deux variétés anciennes les plus estimées. On annonce deux variétés nouvelles sous le nom de *violet* et *blanc géant*. Puissent leurs mérites être géants comme leur nom !

Chou navet ou **Pomme en terre.** — Semé en juin ou juillet, il passe l'hiver en pleine terre et il est bon à manger jusqu'en avril. Il offre un précieux avantage aux ménagères, alors que les bons légumes sont rares.

Chou-Fleur. — Semé en mars ou avril, il ne réussit pas dans notre climat; la pomme reste petite, verdâtre, mélangée de petites feuilles. Mieux vaut le semer en mai ou juin pour le repiquer en juillet, même en août. Les meilleures variétés sont : le *Hâtif d'Erfurt*, le *Tendre* ou *Petit Salomon*, le *Gros Lenormand*, le *Pied-Court* et le *Dur de Hollande*. On peut en avoir au printemps en les semant sous châssis en octobre ou novembre, et en les repiquant en pleine terre, dès que les gelées ne sont plus à craindre. On les arrose beaucoup en temps de chaleur. Le Hâtif d'Erfurt et le petit Salomon doivent être préférés pour cette culture précoce.

Au mois d'octobre ou novembre lorsque les choux-fleurs abondent on les cueille, et après les avoir débarrassés de leurs feuilles, on les met dans un fruitier ou pendus au plancher de cave ou cellier; ils se conservent ainsi jusqu'en avril. Ils se flétrissent, mais en ayant soin de refaire la coupe à la tige et de la mettre tremper dans l'eau 24 heures environ, ils reviennent parfaitement à leur état frais (1).

Pour ceux dont la pomme commence à paraître, on les arrache avec leur motte et on les replante près à près dans le jardin d'hiver ou dans des bâches que l'on recouvre de châssis, où ils achèvent leur développement.

Chou Brocoli. — Il remplace avantageusement le chou-fleur au printemps. On le sème en juin et on le cultive comme les autres. On le garantit de la gelée en le couchant du côté du nord et en couvrant le pied de terre jusqu'aux feuilles.

Concombre. — Cette famille se compose de nombreuses races ou variétés. La plus cultivée est le concombre vert ou *cornichon*. Ce nom lui vient de la forme recourbée de son fruit long. Le concombre *serpent* est de fantaisie. Leur culture est à peu près la même que celle du melon.

Courge. — La courge se sème en avril sur couche. On met en pleine terre les jeunes

---

(1) Voir l'*Horticulteur Lyonnais*, n° 2, page 19, 1872.

plants dès qu'ils paraissent sur la couche.

On sème également à demeure, quatre ou cinq graines à la fois, sur un *capot*, composé de fumier chaud au fond et recouvert de bon terreau. On distance les capots de 2 à 4 mètres, suivant la vigueur connue des variétés. On ne conserve des quatre ou cinq plants sortis de terre que les deux plus vigoureux. On pince les plants au-dessus de la troisième feuille, ainsi que les tiges les plus vigoureuses, pour les faire ramifier à leur base. Lorsqu'on tient à la grosseur du fruit on n'en laisse qu'un ou deux sur chaque plante. Les meilleures variétés sont : le *Potiron d'Espagne*, le *Giraumond* ou *Turban*, la *Sucrière du Brésil*, la *Musquée du Canada*. Ces variétés ont le mérite d'être excellentes et de se conserver très tard, ainsi que la *Courge de la Floride*, nouvelle variété très recommandable par ses qualités culinaires aussi bien que par la beauté de son écorce. La *Courge à la Moëlle végétale*, la *C. d'Italie* sont également bonnes, mais avant leur maturité. Le *Patisson* ou *Bonnet de Juge*, ainsi que la *Grosse romaine reinette*, sont aussi recom-

mandables, mais cette dernière doit être spé-
cialement pour la grande culture.

Cresson de fontaine. — La culture de
cette plante est très connue. L'eau de source
lui convient de préférence. On fait un fossé
de 1 ou de 2 mètres de largeur ; on plante au
fond les plants de cresson et on tient humide.
Au bout de quinze jours le cresson est enraciné et on remplit d'eau le fossé. Cette eau
ne doit pas être trop courante. On peut également semer le cresson.

Échalotte. — La même culture que l'ail.

Épinard. — On le sème depuis février
jusqu'en septembre. Pour en avoir continuel-
lement en été, il faut en semer tous les quinze
jours. Les semis de fin juillet et d'août se ré-
coltent en automne et au printemps. Mais si
l'on prend la peine de repiquer fin septembre
et octobre les jeunes plants de 20 à 30 cent.
de distance dans un terrain préparé et fumé,
la récolte est plus abondante. Les variétés
préférables sont : l'*Epinard Gaudry*, l'*Epinard
à feuilles de laitue* et l'*Epinard d'Angleterre*.

Fève. — On peut la semer dès février et

dans les terres improductives. La *Fève de marais* est la plus connue ; celle de Windsor n'est pas à dédaigner.

Haricots nains. — On peut semer les haricots dès mars dans un endroit abrité, mais en avril, en plein champ ; on continue jusqu'à la fin de juillet. On met les grains dans une raie de 8 à 10 centimètres de profondeur tout au plus ; on recouvre légèrement les grains qui n'aiment pas à être chargés de terre. On bine lorsqu'ils sont levés, et on butte les jeunes plants de manière à ce qu'ils se trouvent au centre des ados. Les lignes doivent être espacées de 30 à 50 centimètres.

Les meilleures variétés sont : 1° le *Noir hâtif de Belgique* ; 2° le *Bagnolet*, le *Gris de tous les jours* ; 3° le *Beurre noir nain* ; 4° le *Cent pour un* et celui d'*Aix*, très productif ; 5° enfin le *Gourmand nain*, extra bon.

Le principal mérite du premier est de ne pas craindre l'humidité ; il faut l'employer de préférence pour les premiers et les derniers semis. Le deuxième (Gris) est très rustique, très fertile, et peut être cultivé avec avantage pendant toute la belle saison. Si on veut récolter les grains pour l'hiver, il faut semer la *Comtesse de Chambord*, très fertile et très bonne variété lorsqu'elle est semée en mai.

Haricots à rames. — Ils se sèment en planche à environ 20 centimètres de distance. Après la germination, on bine et on plante des branches pour les faire grimper. Les meilleures variétés sont : le *Beurre du Mont d'Or* (nouveauté) très recommandable ; le *Soisson*, le *Haricot d'Alger* ou *Beurre*, le *Coco blanc*, le *Sophie*.

Laitues frisées. — Leur culture est des plus faciles et dure pendant toute la belle saison. On commence à faire les semis dès février. Il leur faut environ trois mois pour arriver à la pousse parfaite. Lorsqu'ils sont assez forts on les repique de 20 à 40 centimètres de distance, suivant l'ampleur qu'ils comportent. Les meilleures variétés sont : la *Gotte*, la *Mousseronne*, la *Frisée*, la *Batavia blonde*, la *Frisée croquante* et celle à *Bord rouge*, le *Chou de Naples*, la *Bossin*. Cette dernière est la plus grosse de toutes les laitues ; elle est encore nouvelle.

Laitues pommées. — Les variétés les plus recommandables de cette catégorie sont : celle de *Versailles*, la *Paresseuse*, la *Bellegarde* ou *Blonde trapue* (lente à monter) ne craint pas la chaleur, la *Palatine*, la *Laitue de Berlin*, la *Laitue de Néris* (une des plus belles). Presque toutes ces plantes peuvent être également semées d'août à octobre pour l'hiver et le printemps. On doit préférer cependant pour les semis tardifs : la *Laitue Passion* ou *Hivernaude*, la *Brune d hiver*, ou *Savoyarde* ou *Batavia brune* (très grosse).

Laitues romaines. — Elles sont plus volumineuses que les précédentes, excellentes à l'automne pour être conservées en hiver jusqu'au printemps On sème tardivement avec avantage la *Romaine verte* ou *Chicon* et au printemps la *Romaine blonde* maraîchère.

Mâche, ou Blanchette, ou Bouvette, etc. — On les sème de fin juillet à septembre. Les préférables sont : la *Mâche à feuille ronde*, la *Mâche à grosse graine*, et enfin la *Mâche d'Italie*, vulgairement connue sous le nom de

Parisienne. Elle est tardive à monter et graine au printemps.

Melon. — On le sème en mars et avril sur couche. On repique ensuite les jeunes semis en pleine terre sur terreau. On peut aussi les semer à demeure.

On fait un capo (trou) de 30 à 50 centimètres de diamètre, et de 20 à 40 c. de profondeur qu'on remplit de fumier de litière en le serrant avec le pied. On le recouvre de terreau ou de bonne terre, de manière à ce qu'il forme un monticule. On met ensuite le jeune plant au centre du capot. Lorsque les premières feuilles, — non les cotylédons, — sont développées, on pince, ou plutôt on éborgne le bourgeon terminal. Bientôt de nouveaux bourgeons se développent à l'aisselle des deux premières feuilles (les cotylédons doivent être considérés comme nuls, après en avoir supprimé les bourgeons). On pince à leur tour, après leur troisième feuille, ces deux branches latérales. Après cette deuxième opération, on laisse aller seules les ramifications tertiaires ; seulement on pince les plus vigoureuses de temps en temps.

On peut aussi attendre que les deux premières branches latérales aient donné leur septième feuille pour pincer leur extrémité ; après cette opération, on les abandonne à elles-mêmes.

Pour les melons semés sur couche, il est bon de mettre les graines dans des godets ou des boîtes à allumettes que l'on enterre avec la plante. Ce moyen facilite la transplantation sur capots.

Les meilleures variétés de melon sont : le *Cantaloup noir des Carmes*, le *Prescott*, le *Fond blanc* ou *argenté*. Le petit melon d'Amérique à chair verte est très fertile et excellent. Le plus rustique est le *maraîcher* cultivé à Cavaillon et aux environs de Lyon ; mais il est capricieux dans ses qualités.

Navets. — Les plus recommandables sont le *Blanc hâtif* à collet rose ou blanc, le *Long des vertus*. On peut les semer au printemps ; mais, comme toutes les crucifères, ils demandent de fréquents arrosages pendant les chaleurs.

On sème ensuite le *Navet noir*, le long et le rond. Il y a un grand nombre de variétés qu'on sème de juillet à août pour la grande culture.

Oignons. — On sème le *Blanc* en août pour le repiquer en octobre, le *Rouge* de février à avril en place, le *Paille* ou *Suisse* de mars à mai. Ce dernier, semé clair, vient d'une jolie grosseur ; mais semé très épais, il ne fait que de petites bubilles la première année; on replante celles-ci en mars suivant, et deviennent de très gros oignons; gros ou petits ils se conservent facilement d'une année à l'autre. On repique toutes les variétés d'oignons de 10 à 20 centimètres de distance. On couche les tiges sur la terre dès qu'elles commencent à jaunir ; cette opération, faite avec le dos d'un râteau par économie de temps, contribue au développement de l'oignon.

En cultivant en leur temps les variétés que nous venons de désigner, on peut être approvisionné pendant toute l'année.

Il importe, pour avoir de belles récoltes, de fumer un an d'avance le terrain destiné à recevoir les semences ou les jeunes plantes.

Oseille. — Elle peut facilement se cultiver en bordure, surtout l'*Oseille vierge* qui ne se multiplie que par éclats. L'oseille large de *Belleville* se multiplie facilement de semis; mais il est préférable de la multiplier d'éclats, attendu que par les semis elle dégénère beaucoup.

Panais. — Il est considéré plutôt comme condiment que comme aliment. Sa culture est la même que celle des carottes.

Persil. — On sème le persil dans un petit coin du jardin où on ne pourrait pas cultiver autre chose.

Piment. — Même culture que celle de l'aubergine.

Pissenlit ou **Dent de Lyon** à cœur plein, amélioré par la culture. Quoique cette plante vienne un peu partout spontanément, il y a encore avantage de la semer de mai à juillet en ligne et en place; on peut la repiquer à

15 centimètres de distance. En octobre, pour les faire blanchir, on les recouvre de sable ou terreau, même avec des feuilles, de 12 à 15 centimètres, et aux premiers beaux jours, lorsqu'elles ont poussé, l'on peut les cueillir et elles sont beaucoup plus tendres que celles des prés.

Poireau. — On le sème de février à mai en planche, pour être repiqué en lignes espacées entre elles de 15 à 25 centimètres, et les plançons de 5 à 10 centimètres, selon la grosseur que l'on désire obtenir. Si l'on tient à avoir longue et blanche la partie qui est dans la terre, quelque temps avant l'arrachage on fait une raie à côté des lignes et on couche les poireaux dedans en les recouvrant de terre, toutefois en laissant de l'air à la plante. Celui de Nîmes est le plus gros et le plus précoce. Celui de Rouen est également très gros, mais plus rustique ; il résiste mieux aux gelées.

Poirée à carde ou **Bette.** — Elle se sème de mars à juillet ; les premières pour l'été et l'automne, les dernières pour le printemps suivant. On garantit de l'hiver les dernières comme les artichauts. On plante les poirées en lignes de 30 à 60 centimètres de distance.

La *Poirée à tondre* se cultive comme la chicorée amère, mais seulement pour l'assortiment des petites herbes.

Pois à dégrainer. — Les premiers semis se font dès novembre. Pour cette saison le pois Michaux est préférable ; comme toutes les autres variétés, on le sème en ligues espacées de 15 à 20 centimètres, et les graines de 2 à 3 centimètres les unes des autres. Cette méthode est préférable aux semis à mouchets. Ceux-ci attirent les souris qui en sont très friandes.

Lorsque les pois commencent à monter, on fait un binage et on rame ceux qui grimpent.

Les meilleures variétés sont : le pois *Michaux*, le *Caractacus*, le *Ringleader*, le *Daniel O'Rouk*, le *Serpette*, le *Gourmand*, le *Ridé de Knight*, le meilleur de tous. On ne doit semer ce dernier que de mai à juillet. Il est le plus rustique pendant les chaleurs ; quoique gros et presque mûr il est toujours tendre et très sucré. Quelques variétés peuvent se passer de rames, entre autres le pois *Bijou ridé nain* très hâtif et fertile, et le *nain de Gontier* qui n'atteignent pas plus de 30 centimètres.

Quoique très précoces, ils rivalisent avec tous les autres pour l'abondance.

Pomme de terre. — Il est inutile d'entrer dans les détails de cette culture, elle est généralement connue. Indiquons seulement la variété *Marjolin* cultivable dans les jardins. En la plantant contre un mur, au midi, elle donne ses premiers produits en mai ; on les récolte en fouillant la terre sans arracher la plante.

Nous recommandons pour la grande culture la pomme de terre *Confédérée* et la *Reine blanche*, quoique nouvelles, afin de les expérimenter ; elles promettent beaucoup.

Potiron. — (Voir Courge).

Radis. — L'on peut en semer tous les quinze jours pour ne pas en manquer. Vu leur végétation hâtive et pour ne pas occuper la place exprès, on peut les semer avec avantage au travers de toutes sortes de légumes.

Les meilleurs sont : le radis à *bouts blancs*, le radis *rond hâtif*, le radis *demi-long écarlate*, le *rond rouge foncé* ou *violet* préférable pendant les chaleurs, et enfin le *long* ou de *Chine*. Le radis noir d'hiver est très recherché dans le nord. Les blancs sont de fantaisie quoique bons.

Scolyme d'Espagne (composé). — Cette plante alimentaire, déjà ancienne dans les cultures, n'est point aussi répandue qu'elle mériterait de l'être, soit par sa bonne qualité culinaire, soit par sa culture aussi facile qu'elle est à la portée de tout le monde ; elle vient dans toutes les terres, mieux cependant dans un sol un peu léger et profond que dans les terres fortes ou trop compactes.

Ressemblance. — La feuille et la tige qui ressemblent à un chardon l'ont quelquefois fait confondre avec ce dernier ; il ne faut donc pas s'y méprendre, surtout lorsque nouvellement semée, elle sort de terre, et ne pas l'arracher pour cette mauvaise herbe (le chardon).

Semis. — La qualité du scolyme dépend du

mode de culture, c'est-à-dire de l'époque à laquelle on le sème. Semé en mars ou avril, la partie ligneuse acquiert trop de développement et devient plus difficile de la décortiquer, motif pour lequel les cuisinières l'ont presque toujours rejeté comme sujet d'augmentation de leur travail. Pour détruire cet inconvénient, il ne faut semer qu'à partir du 15 mai jusqu'à la fin de juin ; la plante a tout le temps nécessaire pour acquérir son développement sans se trop durcir, et peut être consommée à partir du mois d'octobre suivant. On obtient ainsi en quatre à cinq mois un légume similaire, mais meilleur que le scorsonère qui met le double plus de temps à fournir son produit.

Soins. — Bien qu'il ne craigne pas les fortes gelées pendant l'hiver, un retour de gelée au printemps, lorsqu'il a déjà commencé à pousser, peut fatiguer le collet qui nourrit les jeunes bourgeons. Il est bon de les préserver par une légère couche de feuilles sèches ou de fumier long.

Pour ne pas s'exposer d'en manquer pen-

dant les fortes gelées de l'hiver, on peut en
rentrer au jardin d'hiver où on n'a qu'à les
enterrer soit dans de la terre molle, soit dans
du sable ; ceci se rapporte à tous les légumes
racines.

Manière de les faire cuire. — Après les avoir
légèrement raclés avec le dos d'un couteau
pour enlever la première peau, très mince du
reste, on les coupe par morceaux de la longueur voulue ; on les fait cuire à l'eau, ce qui
se reconnaît à la séparation de la partie ligneuse, c'est-à-dire le milieu de la racine.

Scorsonère. — Il se sème en lignes ou
à la volée, de mars à mai, ou en juillet, pour
l'année suivante, dans les terrains peu fertiles.

Tétragone. — Cette plante fournit un
légume aussi bon qu'abondant ; de juin à
novembre elle remplace avantageusement l'é-
pinard qui, dans cette saison, monte vite. On
fait tremper la graine pendant 24 heures
avant de la semer, en capot, de 50 à 70 centimètres de distance.

Tomate. — Même culture que les auber-
gines. Elle diffère seulement en ce que la

plante a besoin d'être soutenue avec un tuteur; on peut la palisser contre un mur ou un treillage.

Fraisier. — Il trouve sa place dans un jardin potager, soit en bordure soit en planche de préférence pour les espèces traçantes. Les fraisiers *Quatre-Saisons*, vulgairement de tout mois ou remontants, ne doivent jamais manquer dans un jardin. Pour en avoir en abondance, il ne faut pas les renouveler tous à la fois. On peut diviser cette culture en trois parties, en en renouvelant une tous les ans en septembre ou mars; par ce moyen on aura d'abondantes récoltes toute la belle saison. Les fraisiers à gros fruit sont également très avantageux; mais pour obtenir des fraises belles et abondantes, il faut avoir soin de couper les coulants à mesure qu'ils se développent.

RÈGLE GÉNÉRALE.

Il ne faut pas oublier que pendant les chaleurs il y a un immense avantage à pailler les cultures, c'est-à-dire à couvrir la terre de fumier pailleux. Celui-ci entretient la fraîcheur dans la terre et empêche cette dernière de se durcir au contact du soleil et des grands vents ; il favorise la végétation et économise les arrosages qu'il ne faut pas négliger dans les jardins, surtout pour les semis. On emploie autant que possible l'eau qui a été exposée pendant quelques heures au soleil.

Le moment le plus favorable pour arroser les petits végétaux est le matin au printemps et à l'automne, et le soir l'été surtout : pour les gros, on peut les arroser à toute heure. Règle générale, il faut chaque fois que l'on repique un plan quelconque l'arroser avec le goulot de l'arrosoir aussitôt après l'opération.

Après avoir fait les semis de graines fines et avoir paillé, on aplatit la terre avec une pelle ou plutôt avec une planche appropriée à cet usage au moyen d'un manche, ce qui la convertit en battoir. Cette opération favorise sensiblement la germination.

———◇◇◇———

INFLUENCE DE LA LUNE SUR LA CULTURE

Les influences de la lune sur les végétaux sont encore très contestées, quoique des expériences faites avec un soin scrupuleux nous ont donné des résultats négatifs. Mais ce qui vaut infiniment mieux, c'est d'abord de faire les semis par un temps propice, c'est-à-dire par un beau temps ; mieux vaut dans ce cas regarder le soleil que la lune, et que la terre soit bien friable, et surtout choisir de bonnes semences et de bons types dans les plantes à variétés nombreuses, telles que : pommes de terre, haricots, laitues, melons, navets, etc. Mais pour arriver à ce choix, le meilleur moyen est de planter ou de semer le plus grand nombre de variétés, ou tout au moins les meilleures variétés et les plus estimées. Ainsi supposons que l'on plante vingt variétés de légumes d'une même espèce ; vers la fin de l'année on choisit les dix meilleures et l'on réforme les dix autres ; la seconde année, les dix peuvent être réduites à cinq. Pour réduire encore le nombre, ce qui pourra arriver, il faudrait les cultiver quelques années, afin de bien se rendre compte du mérite ; et celles qui réussiraient toujours, qui réaliseraient toutes les conditions désirables seraient seules gardées. Par ce moyen, l'on a toujours de bons résultats de ses cultures, quels que soient les quartiers de la lune.

Cependant, la réputation acquise de certaines variétés de légumes, ne peut pas toujours nous guider ; car telle espèce qui réussit très bien chez l'un, ne réussit pas toujours bien chez l'autre, et tout le contraire peut se présenter pour d'autres espèces qui souvent sont rejetées faute d'étude sérieuse.

Il est bien entendu que s'il s'agit de nouveautés, les expériences de cultures doivent être faites avec plus de réserve encore.

JARDIN FRUITIER

de la ferme

> Celui qui a planté un arbre, a dit un sage, a plus mérité de l'humanité que celui qui a gagné vingt batailles.

La culture des arbres fruitiers est devenue aussi indispensable que celle des légumes, chacun veut cultiver et cueillir les fruits à son usage ; rien n'est plus raisonnable ni plus salutaire à la santé. D'abord on est assuré de manger de bons fruits ; bons, parce qu'on a planté des arbres de bonne qualité, laquelle est doublée encore par le plaisir de savourer ses propres produits, cueillis et consommés à temps. Et puis le charme de planter, de cultiver, de récolter ne sont-ils pas les plus douces satisfactions de la vie dont la santé s'en impreigne ? L'empereur Lucullus le sentait si bien, que sa joie d'avoir apporté d'Asie et

planté de ses mains le cerisier, força son ex-
clamation en cueillant et offrant à ses favoris
les premiers fruits, ses produits, par ces pa-
roles pleines d'une louable fierté : *C'est moi qui
l'ai planté !*

Il n'est point aussi difficile de planter ni
de tailler les arbres fruitiers que certaines
personnes se l'imaginent; il suffit, pour planter, de remuer la terre à 60 centimètres de
profondeur, si elle est bonne assez profonde,
et de 80 à 90 centimètres si elle n'est pas de
bonne nature; car rien n'est plus raisonnable
que de comprendre que la mauvaise terre a
besoin de plus de travail que la bonne. Le bon
travail l'améliore; en lui donnant assez d'engrais, elle devient bonne : à ces conditions il
n'y a plus de mauvaises terres, elles deviennent
toutes propres à telles ou telles cultures qui
s'accommodent de plus ou moins d'humidité
ou de plus ou moins de sécheresse.

Beaucoup de personnes plantent des arbres,
peu les plantent bien. Mieux vaut planter moins
et planter bien.

La terre étant améliorée par le travail, on

peut la bonifier par l'engrais ; l'engrais est la richesse de la terre. Le meilleur des engrais est toujours le fumier d'étable, qu'il provienne de race chevaline ou bovine ; à son défaut, on le remplace par la cornaille, le pelais, les chiffons de laine, la colle, le tourteau de colza, le guano, les engrais chimiques. Le purin et les matières fécales sont de tous les engrais les plus actifs et les plus puissants ; aussi faut-il les employer avec discernement par une température humide et fraiche tout en les étendant d'environ un tiers d'eau, s'ils sont purs. Les eaux grasses de cuisine sont très bonnes à l'arrosage des arbres dont on veut activer le développement, et, ainsi que tous les engrais liquides, ils sont favorables au développement des fruits.

Les purins et les matières fécales, nous les avons sous la main ; en connaissant la valeur, n'en laissons perdre que ce que nous ne pouvons empêcher ; ils sont d'un puissant secours pour les arbres, les légumes et les fleurs.

Comme amendement dans un sol argileux, la chaux fusée et la cendre servent à la diviser, et en ouvrant ainsi les pores, la réchauffent et la fertilisent.

Les feuilles et les herbes consumées forment l'humus, le plus puissant agent pour activer la reprise en le plaçant immédiatement en contact avec les racines au moment de la plantation.

Lorsque la terre est défoncée et fumée, on procède à la plantation, laquelle doit être effectuée suivant le mode de forme auquel on veut soumettre les arbres, quelles qu'en soient les espèces ou variétés.

Les formes diverses sous lesquelles on dirige les arbres sont à peu près les suivantes : Pyramide ou quenouille, candélabre et palmette-Verrier, cordon oblique et cordon horizontal pour le poirier en plein air, plus le plein vent. Le pommier s'accommode de toutes ces formes moins la pyramide, la palmette-Verrier et la candélabre auxquelles formes il est plus rebelle s'il n'est greffé sur franc ou sur doucin. Le pommier sur paradis va très bien en cordon horizontal et oblique; la forme buisson ou conique remplace la pyramide.

Le pécher espalier, dont la place est contre le mur, aux expositions du levant et du midi et même de l'ouest faute de mieux, se comporte assez bien en contre-espalier et à demi-vent, surtout pour les variétés hâtives qui ont toujours assez de chaleur pour bien mûrir leurs fruits. On ne plante l'abricotier et le prunier qu'en espalier ou à plein vent, bien qu'ils se comporteraient fort bien sous toutes les formes et augmenteraient de beaucoup l'ornementation d'un jardin fruitier. Les cerisiers bigarreaux, cerises, guignes ou griottes vont tous très bien en espalier, contre-espalier et à plein vent; les cerises et les griottes dont les branches sont rapprochées, forment de belles pyramides, colonnes, cordons obliques et horizontaux d'un très gracieux effet. L'amandier, qui toujours est planté à plein vent, formerait bien facilement de belles pyramides et autres formes. Le cognassier et le néflier dont la forme est abandonnée à leur nature, nous n'en parlerons pas.

La vigne peut avec le même succès être dirigée en cordon horizontal, simple ou double ou superposé ou oblique ou vertical, appuyée sur un mur ou en contre-espalier ; elle se soumet à toutes les formes sans la moindre contrainte.

Les groseilliers à grappes et épineux s'accommodent de l'espalier, contre-espalier, buisson conique et en boule sur tige. Le framboisier, dont la tige fruitière se renouvelle chaque année, ne trouve pas sa place ici, il en sera parlé à son tour.

Les distances à observer varient suivant les formes et le développement qu'on veut donner aux arbres, surtout s'il s'agit d'espalier ou contre-espalier ; il n'est donc guère possible d'indiquer plus qu'un terme moyen en supposant un sol de moyenne qualité.

La distance de trois à quatre mètres convient pour former des pêchers, abricotiers, cerisiers, pruniers et poiriers en espalier ou en contre-espalier.

Pour les cordons obliques simples, 55 centimètres suffisent pour distancer les poiriers, pommiers, sur doucins ou sur paradis, cerisiers et pruniers ; 70 à 80 centimètres sont nécessaires au pêcher et à l'abricotier d'autant plus feuillus qu'ils poussent plus vigoureusement; 2 mètres de distance conviennent au cordon horizontal simple, tandis que 1 mètre suffit au cordon horizontal double.

La pyramide proprement dite, plantée en massif, est assez distancée de 2 mètres 50 centimètres, tandis que plantée en ligne isolée, on lui peut donner 3 mètres.

Pour le jardin mixte, on peut planter une ligne de poiriers dans les plates-bandes.

Mais la quenouille que l'on confond souvent avec la pyramide, et qui n'est le plus souvent qu'une forme mixte tenant de la colonne et de la pyramide, il sera suffisant de l'espacer de 2 mètres, surtout pour les poiriers sur cognassiers. Quant au plein vent, poiriers, pommiers, cerisiers et bigarreaux, la distance de 6 mètres est à peu près nécessaire, tandis que 4 à 5 mètres suffisent aux abricotiers, pruniers, amandiers et cognassiers, ainsi qu'aux cerisiers proprement dits et aux merisiers dont la forme est plus érigée.

Plantation. La terre préparée et fumée, on ouvre les trous de la largeur et de la profondeur des racines, afin qu'elles puissent entrer largement; on rafraîchit à la serpette les racines de l'arbre en enlevant les parties mutilées, on descend celui-ci dans le trou, on étale bien les racines dans leur sens, on les recouvre de terre fine ou de terreau, afin de favoriser le développement des radicelles, et lorsqu'elles sont bien recouvertes de 3 à 4 centimètres, on étend sur toute leur surface une couche de l'engrais que l'on aura préparé, on emplit de terre jusqu'à la moitié de la hauteur du trou, puis on soulève l'arbre par petites secousses brusques, afin que la terre fine puisse bien pénétrer entre les racines pour qu'il ne reste aucun vide; on foule un peu du pied sur la terre, afin de la faire adhérer aux racines, et pour aider cette adhérence qui assure la reprise, il est utile d'arroser aussitôt la plantation faite, à moins qu'une forte pluie prévue dispense de cette opération.

Les mêmes soins de plantation sont applicables à toutes les espèces d'arbres sans distinction, avec soin de laisser la greffe 2 ou 3 centimètres au-dessus du niveau du sol.

La plantation des cordons oblique et horizontal, dans nos contrées, se fait presque toujours en inclinant les sujets, parce qu'on emploie généralement pour cette forme des sujets de deux et même trois ans de greffe, et ne les rabattre que fort peu, cela afin de hâter la fructification ; mais si ce dernier but est toujours atteint, il s'en faut de beaucoup qu'il le soit pour longtemps. Les racines de tels arbres étant déjà fortes, il s'en suit que celles de dessous sont gênées pour se développer dans leur nouvelle position pour laquelle elles n'ont pas été préparées, et que celles de dessus ne le sont pas moins par leur trop de proximité de la surface du sol, ce qui les rend trop accessibles aux influences des sécheresses qui les font beaucoup souffrir ; on ne tarde pas à s'apercevoir que d'aller trop vite on dépasse le but, car ces plantations durent peu.

Ces sortes de plantations ne peuvent être durables qu'en plantant les arbres verticalement et les rabattant à la hauteur de 25 à 30 centimètres au dessus du sol d'où doit commencer la ligne oblique qu'ils auront à parcourir ; les sujets d'un an de greffe sont les plus propres à bien former ces cordons.

Si nous nous sommes longuement étendu sur le sujet plantation relativement au cadre restreint que nous nous sommes imposé, c'est que d'une bonne plantation découle les résultats auxquels on aspire : force des arbres et production.

Nous traiterons les opérations de la taille et du pincement sur cette devise : *Planter bien et tailler peu.*

Les arbres bien plantés poussent beaucoup ; il faut les tailler long si l'on veut obtenir promptement du fruit, tailler court si on veut obtenir beaucoup de bois. La grande vigueur est opposée à la fructification, comme la grande fructification est opposée à la vigueur.

Comparaison triviale : Pour lasser un cheval vigoureux, un bon cavalier le met sur une grande route ; lui lâcher la bride et piquer des deux en le dirigeant pour l'empêcher de se jeter dans le précipice, il est sûr que sa monture s'arrêtera d'elle-même.

Pour lasser un arbre vigoureux, un bon

jardinier laisse pousser son arbre en dirigeant la sève des branches pour obtenir la forme qu'il veut atteindre, et avant peu de temps il se couvre de boutons à fleurs et de fruits, et pour l'aider à cette fonction, il le surcharge en abaissant des branches (c'est l'arqûre) que la sève alors abandonne un peu au profit de la fructification, tout en continuant de diriger les branches pour établir la forme qu'il s'est proposé.

La plantation achevée, on procède à la taille des arbres au mois de mars, en ravalant leurs tiges sur 4 ou 5 yeux du tronc sur les 3 ou 4 branches les plus fortes et les mieux espacées pour former une tête arrondie aux arbres à plein vent, quelle qu'en soit l'espèce; on supprime toutes les autres. L'année suivante, on les suit pour supprimer les nouvelles pousses mal placées, afin de favoriser celles qui doivent donner à la tête une forme conique, en taillant celles qui se développent trop fortement; et ainsi chaque année, pour empêcher la confusion qui serait nuisible aux branches fruitières autant qu'aux fruits qui, mauquant de lumière, n'acquierraient point toute leur saveur.

Les arbres que l'on destine à former des pyramides ou quenouilles seront rabattus à 50 ou 55 centimètres au dessus de la greffe, quelle qu'en soit l'espèce ou la variété. Les pêchers espalier doivent être rabattus à la même hauteur, afin de pouvoir palisser les branches coursonnes (branches à fruits) qui se développeront sur les branches de charpente de la base, et aussi pour que leurs fruits soient assez éloignés du sol pour pouvoir acquérir leur qualité.

Le poirier, pommier, abricotier, prunier et cerisier, soumis à l'espalier ou contre-espalier, desquels on ne palisse pas les branches fruitières, devront être rabattus à 35 centimètres environ, afin que les branches de la base soient assez rapprochées du sol, et ne point perdre d'espace du mur entre le sol et lesdites branches.

Les fuseaux plantés droits, en tige de deux ou trois ans de greffe et assez ramifiés, garnis de branches latérales, seront rabattus sur le premier ou deuxième œil de la dernière poussée de la tige de prolongement. Les branches latérales seront taillées, les petites sur 4 à 5 yeux, les grosses sur 2 ou 3, afin de retarder ces dernières au profit des premières ; on fortifie une branche en la taillant long, on affaiblit une branche forte en la taillant court. Si toutes les branches d'un arbre étaient faibles et qu'on les taillât long, on les affaiblirait en fortifiant l'arbre présentement.

La formation des pyramides ou quenouilles est obtenue par le choix et la disposition des branches nouvelles dont on prend la plus forte et la plus perpendiculaire pour continuer le développement de l'arbre, faisant rayonner autour les 3 ou 4 autres les mieux espacées et les plus fortes ; si cette première est forte on taillera toutes les branches à 25 centimètres de long, en ayant soin de laisser la flèche dominer les autres. L'année suivante on se dispensera de prendre une deuxième série de branches latérales, afin de laisser à la première le temps de se fortifier, ainsi que la flèche. Ce n'est que l'année suivante, troisième année de plantation, que l'on pourra impunément prendre une seconde série de 4 ou 5 branches, que l'arbre sera fort et développera alors des bois vigoureux qui ne nuiront pas à la première série.

Un espace de 35 à 40 centimètres est nécessaire entre les branches de charpentes, afin que l'air et la lumière puissent bien pénétrer dans l'intérieur.

Pour former les arbres à l'espalier ou au contre-espalier, on prend les deux rameaux les mieux placés, l'un à droite, l'autre à gauche et les plus vigoureux; on choisit ensuite celui du milieu le mieux placé pour continuer le développement de ce que l'on nomme *branche-mère* et qui n'est autre que le prolongement de l'arbre dans sa hauteur; on supprime ensuite toutes les autres poussées, afin de laisser toute la sève aux trois branches précitées, et, afin d'augmenter la force des deux latérales, on tient les extrémités très relevées ; si la branche-mère prenait trop de sève, ce qui arrive onze fois sur douze, surtout pour le pêcher, on aurait soin de la pincer dans le cours de la végétation.

A la taille de l'année suivante, si les arbres ont développé des bois vigoureux, on se dispensera de les tailler, ou tout au moins on les raccourcira très peu, environ un quart de la longueur développée, à l'exception de la branche-mère que l'on taillera sur deux yeux, afin de laisser aux deux premières branches latérales le temps de se fortifier, et on ne prendra, à cette taille, aucune autre série de branches de charpente ; ce n'est qu'à la troisième taille, lorsque la base sera assez forte, qu'on devra prendre la deuxième série de branches.

Ce cadre ne nous permettant pas de nous étendre plus longuement sur la formation et l'entretien des arbres, les personnes désireuses de s'instruire dans l'arboriculture, devront se procurer les traités spéciaux dans lesquels elles trouveront les termes techniques, leur valeur et leur application.

A part les exceptions de vigueur en plus ou en moins, on taille les *branches à bois* du poirier en pyramide, quenouille ou espalier aux deux tiers de la longueur de la dernière pousse, en se réservant toutefois pour les deux premières formes, de tailler plus court la flèche qui doit continuer le prolongement de l arbre. On agit ainsi jusqu'à ce que la fructification soit devenue abondante, et alors on taille court sur 2 à 4 yeux suivant la force, afin de ménager à l'arbre la faculté de produire de beaux fruits pendant longtemps. A l'exception du pêcher, les autres arbres fruitiers seront traités de la même manière, bien que celui-ci demande une taille courte lorsqu'il pousse peu et fructifie beaucoup.

La taille des branches à fruits s'opère à 6 ou 8 centimètres de la branche à bois, à l'exception de celles plus fortes qu'un crayon dont il est convenable de les couper sur la couronne ou empâtement; et afin que les fruits puissent acquérir beauté et qualité, on ne laissera s'établir aucune confusion qui pourrait empêcher la libre circulation de l'air et de la lumière, en enlevant les branches trop rapprochées entre elles. Aussitôt que l'arbre est bien afruité, on raccourcit les branches fruitières pour ne pas épuiser l'arbre par de trop abondantes productions.

Le pincement a deux buts différents, bien que les opérations soient à peu près les mêmes : le pincement d'équilibration, qui consiste à pincer, dès qu'elles ont acquis 3 à 6 centimètres, les branches placées sur les branches de charpente et qui vivent à leur détriment, et celles mal placées qui font confusion, qu'il est bon de ne pas laisser développer pour les supprimer à la taille suivante. Dans ce cas, le pincement est le régulateur de la sève.

Le pincement à fruit peut être pratiqué du 20 au 30 juin ; son but est d'arrêter le développement des branches fruitières en les cassant à 6 ou 8 centimètres de leur empâtement, afin de refouler la sève sur les yeux de la partie tenante à la branche à bois, et en forcer quelques-uns à se transformer à fruit. On ne pince la flèche que dans les circonstances exceptionnelles d'une trop forte végétation.

Plus on taille les arbres, moins ils produisent de fruits, plus on les pince plus on les affaiblit. Il faut les pincer et les tailler pour leur faire produire de beaux fruits et les former ; en dehors de ces résultats à obtenir, la répétition de ces opérations ne peut qu'être nuisible aux arbres.

Notre cadre est trop limité pour parler des insectes et des maladies qui attaquent les arbres fruitiers. Cependant nous ne pouvons nous garder de dire quelques mots sur la cochenille[1] qui se propage et s'étend d'une façon inquiétante dans nos contrées, car elle menace sérieusement les plantations si on n'y porte remède. Pour prévenir le mal, il suffit de chauler annuellement les arbres après la chûte des feuilles, en ajoutant à la chaux de la suie, de la cendre et du savon noir ou vert, un kil. par dix litres d'eau. Pour les guérir, ajouter 100 grammes essence de térébenthine à la quantité d'eau et de savon, bien délayer le tout et brosser fortement sur les écorces pour les imprégner du liquide.

POIRES

Les poires qu'il convient de planter le plus sont celles de première et de dernière saison,

---

(1) Galle-insecte.

époques où l'on manque d'autres bons fruits de table.

La liste suivante fournit les noms de celles à maturité s'échelonnant depuis les premières mûres bonnes, jusqu'aux dernières qui atteignent le mois de mai. Les variétés citées pour chaque espèce ne sont pas seulement des meilleures, mais elles sont aussi celles qui produisent le plus et régulièrement, en même temps que les sujets sont robustes et vigoureux. Les moins vigoureux qu'il faut planter sur franc sont désignés par un astérisque *.

Citron des Carmes ou St-Jean vert.
Doyennée de juillet.
Beurrée Giffard.
Favorite de Clapp.
Gros Rousselet d'août.
*Bonne d'Ezée.
Doyennée Boussoch.
Souvenir du Congrès.
Bon Chrétien William.
Seigneur Espéren.
Louise bonne d'Avranche
Fondante des bois.
Duchesse d'Angoulême.
*Beurrée gris.

*Doyennée roux.
*Beurrée Bachellier.
Zéphirin Grégoire.
Sucrée de Montluçon.
Beurrée d'Hardempont.
Beurrée Diel.
Passe-Colmar.
*Passe-Crassanne.
Doyennée d'hiver.
Bergamotte Espéren.
*Beurrée Perreault.
Léon Lecler de Laval.

Et cent autres variétés pour les amateurs.

POMMES

Voici les variétés de premier choix de toutes saisons.

Barowski.
Postophe d'été.
Fenouillet le gros.
Ribston pépin.
Calville rouge.
— blanche.
Reinette d'Angleterre.
— du Canada.

Reinette franche.
— de Caux.
Reine des reinettes.
Cusset.
Champ-Gaillard.

Et une infinité d'autres variétés pour les amateurs de pommes.

PÊCHES

Les variétés suivantes sont les meilleures pour toute la saison :

Grosse Mignonne hâtive.
Grosse Mignonne.
Belle Beausse.
Willermoz.
Reine des vergers.
Pêche lisse.
Teissier.

De Syrie, très robuste pour plein vent.
Nivette veloutée.
Tardive d'Oullins.

Et autres variétés aussi bonnes pour les amateurs.

ABRICOTS

Les bons abricots ne forment pas une liste bien étendue ; les variétés hâtives sont les plus recherchées, comme mûrissant avant les premières pêches ; une fois celles-ci venues, on recherche peu les premiers.

Abricot pêche hâtif.	Pêche.
— Alexandrin.	— tardif très bon.
— de Collonges.	Balmont ou Luizet.
— commun.	Blanc pour compote.
Desfarges (hâtif).	

PRUNES

Reine-Claude blanche hâtive.	Quetsche d'Allemagne, pour pruneaux.
— violette hâtive	Jefferson.
— d'Oullins.	De Pontbriant.
— dorée.	Darp d'or d'Esperen
Ste-Catherine pour pruneaux.	Goutte d'or.
	Reine-Claude de Bavay.

CERISES

Bigarreau Jaboulais.	Cerise Montmorency.
— gros rouge.	— Donna Maria.
— Napoléon.	Griotte du nord (pour eau-de-vie.)
— Esperen.	Guigne La Garcine.
Cerise belle de Soisson.	Et beaucoup d'autres.
Cerise May-Duke.	

RAISINS

La liste des raisins est fort longue, mais le choix des bons raisins de table est facile à faire, attendu que le fond d'une telle plantation porte généralement sur le Chasselas de Fainebleau et le Frenkenthal proprement dit.

Chasselas de Fontaine-bleau.	Muscat blanc.
— de Florence, (précoce).	— Caillaba.
— rose (de bonne garde).	— rouge.
— — de Falloux.	— d'Alexandrie.
— musqué.	Frenkenthal, noir.
Madeleine blanc (précoce).	Fintindo.
Malingre (hâtif).	Tokai.
	Et une grande quantité de belles variétés pour amateurs.

LES PLANTES D'ORNEMENT

POUR LA PLEINE TERRE,

leur mérite spécial, leurs habitudes, leur culture.

> Ornez votre demeure, si vous
> voulez vous y plaire.

Un grand nombre de plantes sont propres à orner un jardin et les abords d'une maison de campagne ; mais, pour les utiliser, il importe de savoir faire un choix, de connaître les habitudes de chacune, l'époque de leur floraison, et les moyens que la pratique indique, pour les amener à produire tout l'effet dont elles sont susceptibles.

Les unes sont propres à composer des massifs ; d'autres à former des bordures ; celles-ci, à réjouir les yeux par l'éclat de leurs fleurs ; celles-là, à charmer par leur port et leur feuillage riche et varié ; d'autres enfin, à tiges grimpantes, nous permettent de masquer des treillages et de former des berceaux légers et gracieux.

Il est des plantes à bulbes ou à griffes, telles que : Crocus, Jacinthes, Tulipes, Anémones, Renoncules, qui doivent être plantées de préférence d'octobre à novembre, afin que leur floraison soit plus belle et plus hâtive.

Il est des plantes vivaces, telles que : Dauphinelles, Penstémons, Phlox décussés, Primevères des jardins, Chrysanthèmes de l'Inde, qui peuvent se traiter comme les plantes bisannuelles, ou bien se multiplier par éclats des racines. L'époque la plus convenable pour procéder à la division des souches, est celle qui suit la floraison.

Il en est de bisannuelles : Violiers, Giroflées jaunes, Digitales, OEillets des poètes, qui se sèment au printemps, pour être repiquées en pépinières et être, en hiver, mises en place dans les massifs où elles doivent fleurir le printemps suivant.

Il en est d'annuelles, ou considérées en culture comme annuelles, telles que les Myosotis, les Pensées, les Silènes, les Saponaires de Calabre, qui demandent à être semées et repiquées ; tandis que la Colinsie bicolore, la Julienne de Mahon, le Cynoglosse à feuilles de lin, le Miroir de Vénus, le Pied-d'Alouette d'Ajax, les Némophiles, ont tout avantage à être semés en place en automne ; elles occupent alors un sol dépouillé, et la transplantation leur eût été défavorable.

Il est encore des plantes que l'on rend propres à la culture de pleine terre, en les traitant comme plantes annuelles, bien qu'elles soient des plantes de serre, telles que l'Asclépiade de Curaçao, les Lantanes, la Niérembergie grêle, la Pervenche de Madagascar ; (A) pour cela, on les sème en février ou mars, sur couche ou sous châssis ; lorsque les plants sont assez forts, on les repique dans des godets de 0^{m}04 ; on les remporte ensuite dans des vases plus grands, en ayant soin de les maintenir sous châssis, et à une température chaude par le renouvellement des couches ; en mai ou juin, on les habitue à la température du jardin, et on les rend ainsi propres à la composition des massifs de la saison d'été, pour remplacer les plantes indiquées ci-dessus, qui ont fleuri la première saison, telles que les Myosotis, Silènes, Colinsies, etc., etc.

Enfin il est des plantes de serre froide ou d'orangerie, telles que : Fuchsias, Pélargonium zonal, Verveines, que l'on utilise très avantageusement, en en faisant des boutures à l'automne.

En général, pour les plantes qui doivent être repiquées, il est préférable de faire les semis en pleine terre ou en pot en mars-avril, soit sous châssis, soit en plein air, mais dans la partie la mieux exposée du jardin ; la transplantation des sujets en pot est beaucoup plus facile, et leur végétation n'est pas interrompue. Pour les semis en pot, il faut éviter l'étiolement des sujets, étiolement causé soit par leur entassement, soit par une chaleur trop forte dans une atmosphère qui n'est pas assez renouvelée.

Une plante, composant un massif ou une bordure, ne vit pas indéfiniment ; il peut arriver que, sans mourir, elle ne fleurisse plus, ou que son épuisement ne lui fasse donner que quelques fleurs maigres et sans éclat. En principe, deux modes se présentent pour la remplacer et perpétuer la floraison du massif.

Le premier consiste à semer une même espèce à diverses dates, pour que la floraison des unes succède à celle des autres. Les quelques plantes que nous allons énumérer pour les massifs, pourront se prêter à ce mode de culture : Pétunies, Phlox de Drummond, Julienne de Mahon, etc.

Le deuxième mode consiste à remplacer une espèce par une autre. Pour ce mode, les Balsamines, Matricaires du Cap, Reines-Marguerites, Chrysanthèmes de l'Inde, Dahlias, Fuchsias, Pentstémons, Véroniques, Sauge resplendissante, etc., sont d'un grand secours. Celles-ci doivent être cultivées en planche ou pépinière, dans une partie du jardin potager jusqu'à l'approche de la floraison ; on les lève en mottes pour les placer dans les massifs qu'elles doivent orner.

Il est difficile de préciser l'époque où les

plantes produisent tout leur effet. La température de l'année, l'exposition, les diverses opérations de culture peuvent la modifier.

Dans la liste suivante, nous indiquons dans la deuxième colonne l'époque de faire les semis.

Dans la troisième colonne, la hauteur approximative des plantes, pour faciliter leur mise en place, afin de mettre les moins hautes aux bords des allées, massifs ou plates-bandes par gradation en arrivant aux plus grandes, et en s'éloignant des allées. Par ce moyen, au lieu de se gêner à la vue les unes aux autres, elles concourent mutuellement à leur beauté, car les petites cachent les tiges des grandes et forment ainsi un tapis de fleurs.

Et enfin la quatrième, l'époque de leur fleuraison.

Pour celles qui méritent des observations particulières, elles sont indiquées au bas de chaque page.

LISTE
DES PLANTES D'ORNEMENT
de pleine terre

qui se reproduisent facilement par semis.

NOMS DES ESPÈCES.	Mois dans lequel il faut semer.	Hauteur.	Epoque de la floraison
AGERATUM (1).	mars-mai	40 c	juill.-nov.
AGROSTEMA CŒLI ROSA (2).	mars-mai	30	juin-juillet
ALYSSUM BENTHAMI (3).	févr.-août	20	juin-nov.
AMARANTE CRÊTE DE COQ.	mars-mai	50	juin-nov.
ANTIRINUM MUFLIER (4).	févr.-août	60	juillet-oct.
ANCHUSA (5).	mars-mai	50	juin-sept.
ASCLEPIAS DE CURAÇAO (6).	févr.-mars	50	juillet-oct.
BALSAMINES variées.	mars-mai	60	juin-octob.
BASILIC (7).	avril	30	
BRACHYCOME (8).	mars-mai	30	tout l'été.
BROWALIA (9).	mars-mai	60	juin-octob.
BELLES DE NUIT JALAPES.	mars-mai	60	juillet-oct.
— DE JOUR CONVOLVULUS.	mars-juin	40	juin-octob.
BLEUET ou BARBEAU.	mars-mai	50	juin-octob.
CACALIA.	avril-mai	40	juill.-sept.
CAPUCINES naines (10).	avril-juin	40	juin-octob.
CHRYSANTHÈME à carène (11)	avril-mai	70	juillet-oct.

(1) Culture (Voir page 70, **A**).
(2) Repiquer les plants jeunes.
(3) Par semis successifs ; jolie garniture blanche pour bouquets.
(4) Bisannuelle ; la deuxième année, fleurit en mai.
(5) Elle passe souvent l'hiver ; très jolie fleur d'un beau bleu pour bouquets.
(6) Culture. Voir page 70, **A**.
(7) Plutôt pour l'odeur de ses feuilles que pour ses fleurs.
(8) Jolie plante pour bordure.
(9) Pour massifs et pour bouquets.
(10) Ne craint pas une exposition éclaircie.
(11) Très rustique.

NOMS DES ESPÈCES.	Mois dans lequel il faut semer.	Hauteur.	Époque de la floraison.
CLARKIA	mars-mai	40 c	juil.-sept.
COLINSIA (1).	févr.-mai	30	juin-juill.
CONVOLVULUS (Voir belle de jour.			
COQUELICOT (2).	mars-avril		mai à juin
COREOPSIS.	mars à mai	70	juin-sept.
COREOPSIS DRUMOND (3).	mars à mai	40	juin-sept.
CYNOGLOSSE à f. de lin (4).	oct. fév.-juin	30	mai-juillet
DIGITALE (5).	mai-août	1ᵐ	juin-juillet
DRACOCEPHAL MOLDAVI.	mars-avril	60	juillet-sept.
ESCHOLTZIA (6).	mars-avril	30	juin-octob.
ELICRYSUM BRACTEACTUM (7)	mars à juin	70	(juil. à nov.
GAILLARDIA PICTA.	mars à juin	40	juin à nov.
GENTIANA			
GOMPHRÈNE GLOBOSA (8)	mars à juin		juin à nov.
GILLIA (9).	mars à mai	30	mai à août
GLAYEUL (10).	mars à mai	1ᵐ	juillet-oct.
GIROFLÉE quarantaine	févr. à juin	40	juin à nov.
GIROFLÉE bisannuelle (11).	mars à juin	50	mars à mai
GIROFLÉE jaune (12).	mars à juil.	60	mars-mai
GYPSOPHILE (13).	mars-mai	40	juin à août
HÉBIANTHUS (Soleil).	févr. à mai	1-3ᵐ	août à oct.

(1) Peut également se semer en octobre, mais toujours en place.
(2) Ne se repique pas, peut également se semer en septembre.
(3) Très convenable pour massifs.
(4) Ne se repique pas, jolie fleur blanche pour bouquets.
(5) Ne fleurit que la seconde année.
(6) Très rustique, se sème en place.
(7) La fleur, cueillie avant la maturité de la graine, se conserve et sert à faire des bouquets l'hiver.
(8) Même observ. que les Elicrysums. Faire tremper les graines d'avance.
(9) Se sème également comme bisannuelle, de août à octobre.
(10) Les Glayeuls se plantent en oignons.
(11) Repiquer en pépinière, passer l'hiver en pot dans un endroit abrité ou couverture de feuilles sèches.
(12) Très rustique variété à fleurs doubles.
(13) Très avantageuse pour bouquets, vu la légèreté de ses fl. et de ses tiges.

NOMS DES ESPÈCES.	Mois dans lequel il faut semer.	Hauteur.	Époque de la floraison.
BERIS THLASPI varié (1).	mars à juil.	35 c	juin à oct.
JULIENNE DE MAHON (2).	févr. à août	25	juin à oct.
LINARIA BIPARTITA (3).	mars à juin	30	juin-sept.
LIN (4).	mars à mai	30	juin à sept.
LOBELIA ERINUS (5).	avril-mai	10	mai à nov.
LUPIN.	avril-mai	50	juin-juillet
LYCHNIS CROIX DE MALTE (6)	juin-juillet	60	juin-juillet
MALOPE.	mars-juin	80	juin à sept.
MATRICAIRE.	mars-avril	50	sept. à nov.
MIRABILIS JALAPA. v. B. de nuit			
MUFLIER. v. Antirinum			
MYOSOTIS (7).	mai à août	25	mai
NEMOPHILE (8).	févr. à juin	15	juin-août
ŒNOTHERA.	mars-avril	50	juillet-oct.
ŒILLET DE CHINE (9).	mars à juin	25	juin à oct.
ŒILLET FLAMAND (10).	mars à juin	60	juin-juillet
PAVOT (11).	févr. à avril	80	juin-juillet
PENSÉE à grande fleur (12).	juillet-août	15	mars-juillet

(1) Repiquer les plants jeunes ; le blanc semé en place et successivement est très avantageux à la confection des bouquets.

(2) Semé successivement, il fait de jolies bordures ; il peut également se semer en oc bre. (Ne se repique pas).

(3) Semer en place.

(4) Variété vivace à fleurs bleues.

(5) Ne craint pas la mi-ombre ; peu ou pas enterrer les graines.

(6) Vivace, ne fleurit que la deuxième année.

(7) Le Myosotis Azorica Cœlestina, variété nouvelle. Semer en mars sur couche ; fleurit dès la première année.

(8) Semer en place en novembre, la floraison se fait dès mai.

(9) Les œillets Heddwig se cultivent de même, fleurissent également la première et la deuxième année, de mai à juin ; la seconde floraison est plus uniforme que la première.

(10) La floraison n'a lieu que la seconde année ; il est avantageux de perpétuer les bonnes variétés par marcottes, qui se font aux mois de juillet-août.

(11) Ne se repique pas.

(12) Elle pourrait se semer également au printemps, mais sa floraison est beaucoup moins belle quand viennent les grandes chaleurs.

NOMS DES ESPÈCES.	Mois dans lequel il faut semer.	Hauteur.	Époque de la floraison.
PERVENCHE de Madagascar (1).	fév.-mars	50 c.	août-sept.
PÉTUNIA hybrida (2).	mars à juin	40	juin-nov.
PHACELIA (3).	mars à mai	50	juil. à sept.
PHLOX DRUMONDI (4).	mars-juin	30	juin-nov.
PIED D'ALOUETTE (5).	no.-fé.-mars	40	mai-juin-juil.
POURPIER à grande fl. (6).	avril à juin	10	juin-sept.
PRIMEVÈRE des jardins (7).	mars à juin	20	mars-avril
REINE MARGUERITE (8).	mars à juin	30-60	août-nov.
RÉSÉDA odorant (9).	mars-juin	15	juin-octob.
ROSE D'INDE.	mars à mai	60	juin-octob.
ROSE TRÉMIÈRE (10).	mars à juin	2^m	juillet-août
SALPIGLOSSIS (11).	mars-mai	60	juin-octob.
SALVIA SPLENDENS (12).		80	sept. à nov.
SCABIEUSE (13).	mars à juin	60	juin à oct.
SANVITALIA (14).	mars-mai	10	juin-octob.
SCHIZANTHUS (15).	mars-avril	80	juil. à sept.

(1) Voir la page 70, **A**.

(2) Pour les maintenir uniformes, coucher les tiges qui s'élèvent trop ou les tailler.

(3) Mieux les semer en place.

(4) Il faut les repiquer jeunes, avant qu'ils commencent à monter.

(5) Ne se repique pas.

(6) Aime les endroits chauds et secs; variété à fleur double, peu ou pas recouvrir la graine.

(7) Vivace; craint la forte chaleur, bonne plante pour bordure, ne fleurit qu'à partir de la seconde année.

(8) Repiquer plusieurs fois pour avoir des plantes garnies et faciles à former des massifs au commencement de la floraison.

(9) Mêlé aux pourpiers autour des habitations, donne la verdure qui leur manque et répand une odeur très agréable, même dans les appartements.

(10) Fleurit rarement la première année de semis.

(11) Repiquer les plants bien jeunes.

(12) Se multiplie par boutures et passe l'hiver en serre éclairée.

(13) Variété nouvelle naine, de 40 centimètres de hauteur.

(14) Très bonne plante pour bordures; variété à fleur double.

(15) Voir page 70, **A**.

NOMS DES ESPÈCES.	Mois dans lequel il faut semer.	Hauteur.	Epoque de la floraison.
SENEÇON élégant (1).	mars à mai	60.c	août à oct.
SENSITIVE PUDIQUE (2).			
SILÈNE (3).	juillet-août	30	mai suivant
SOLANUM LACINIATUM.	avril	1m30	août-octob.
STÉVIA.	mars-avril	60	août-octob.
TAGETTES (4).	avril-mai	50	juin-nov.
THLASPI varié.	voir Iberis		
VERVEINE hybride (5).	févr.-avril	20	mai-nov.
VISCARIA, voir Agrostema.			
ZINNIA élégant (6).	mars à mai	70	juin à nov.
ZINNIA mexicana (7.)	mars à mai	40	juin à nov.

(1) Variété nouvelle naine, de 25 centimètres de hauteur.

(2) Elle se plaît plutôt dans les serres qu'à l'air libre.

(3) On la repique en planche, et l'on en garnit les massifs l'hiver.

(4) Très rustique.

(5) Plus vigoureuse par semis que par bouture ; faire tremper les graines pendant 24 heures avant de les semer. Soins, voir page 70, **A**.

(6) Très rustique variété à fleur double ; très jolie plante.

(7) D'un joli jaune formant de très jolis massifs, et de belles bordures à des massifs de grandes pantes.

PLANTES A FEUILLAGES POUR MASSIFS

AMARANTE tricolore.

AMARANTE mélancolique, feuillage rouge foncé, d'un très bel effet.

BALISIER OU CANNA, de 1 mètre 50 à deux mètres de hauteur, se sème de février à mai sur couche, mais se conserve en rizome pour l'année suivante ; il suffit pour cela de les rentrer avant l'hiver, après les avoir fait sécher au soleil quelques jours et les placer dans un cellier sec ou sur les rayons d'une orangerie, et on les replante au printemps suivant. Pour jouir de tout leur éclat, il ne faut leur épargner ni les engrais ni les arrosages.

CINÉRAIRE MARITIME, feuillage blanchâtre tout l'été, fleur d'un jaune brillant, très jolie plante pour border des massifs de plantes à feuilles pourpre, tels que : Coléus, Périlla et Amarante, etc., etc. Le Cinéraire Maritime ne craint pas les expositions chaudes ; il doit être semé sur couche au printemps en terreau bien fin ; il se multiplie également de boutures ou marcottes que l'on fait passer l'hiver en serre ou en orangerie, et que l'on met en pleine terre au printemps suivant.

COLEUS VERSCHAFFELTII, coloris très riche, mais très délicat à passer l'hiver. (Serre chaude).

GINERIUM ARGENTEUM; pour les conserver l'hiver, il faut rejoindre les feuilles, les attacher et les replier, et entourer la base de feuilles sèches, de sable ou de balles de blé.

HÉLIANTHUS ou SOLEIL.

PÉRILLA DE NANKIN, à feuilles pourpre noir, se sème de mars à mai.

RICIN ou PALMA CHRISTI, vert ou rouge; plante d'un majestueux effet.

SALVIA ARGENTEA, feuillage recouvert d'un duvet blanc; semer sur couche.

SENEÇON MARITIME, voir Cinéraire Maritime.

SOLANUM.

WIGANDIA, port magnifique, feuillage très ample, passe l'hiver en serre chaude.

QUELQUES PLANTES GRIMPANTES

CAPUCINE grande variée.

COBEA SCANDENS; semer sur couche en mars, repiquer en godet et mise en place en mai; elle pousse très rapidement.

COLOQUINTES, variées par leurs fruits, plante demandant peu de soins et d'une croissance des plus rapides et forme un ombrage très compacte.

Haricot à fleur d'Espagne.
Hipomées Volubilis variées, d'un grand effet.
Lophospermum Scandens. Culture, voir Cobéa.
Loasa orantiaca. Culture, voir Cobéa.
Maurandia simperflorens. Culture, voir Cobéa.
Momordica Balsamina.
Pois à odeur variés.

Parmi les plantes grimpantes, vivaces et ligneuses, il en est de très avantageuses pour former des berceaux ou tonnes ; parmi celles-ci se distinguent les suivantes :

Aristoloche.
Bignonia, à petite et à grande fleur.
Celastre grimpant.
Clématite, grand nombre de belles variétés.
Chèvrefeuille, grand nombre de belles variétés.
Glycine de la Chine, garnissant de grands espaces.
Jasmin.
Lierres variées, pour les parties ombrées.
Rosiers Banks, multiflore, etc.
Vigne vierge.

DESTRUCTION DES COURTILLIÈRES

Les taupes, les crapauds, ont trouvé des défenseurs zélés et dévoués, qui ont chaleureusement plaidé la cause de leur utilité dans les assises de l'agriculture et du jardinage. Ont-ils convaincu tout le monde? Nous ne le pensons pas, surtout pour ce qui est relatif à la taupe. Mais aucun agronome sensé n'a encore osé vanter les bienfaits de la courtillière. C'est qu'elle est l'éternelle et la mortelle ennemie de l'agriculteur et du jardinier. Elle détruit tout sur son passage, principalement les semis et les jeunes plants herbacés, et comme si elle obéissait à un ordre secret, diabolique, elle coupe de préférence des jeunes plants qui ont la plus belle apparence, et sur lesquels le cultivateur fonde son plus grand espoir.

Bon nombre de moyens pour les détruire ont été inventés et préconisés jusqu'à ce jour, mais aucun n'a encore efficacement atteint le but proposé.

Au nombre de ces moyens est celui de rechercher à la surface de la terre, avec le doigt, le trou vertical de l'insecte, et d'y faire pénétrer de l'eau huilée, savonnée ou goudronnée, pour l'en faire sortir ou l'y étouffer. Mais ce moyen est trop minutieux, et puis les corps gras, — huile, savon, goudron, — sont nuisibles à la fertilité de la terre.

Cet autre moyen est un peu plus praticable, mais il laisse encore beaucoup à désirer. On place dans des endroits isolés du jardin, à certaines distances, à 0^m,05 au-dessous du niveau du sol, de petits tas de fumier que l'on arrose pour y maintenir la fraîcheur. Les courtillières s'y réfugient pendant la journée. En remuant avec attention de temps à autre les tas de fumier, on y découvre les courtillières et on les tue. Mais toutes ne se trouvent pas au rendez-vous.

Voici un autre moyen qui est plus efficace, mais qui exige aussi quelques petits soins : On borde les massifs de semis ou jeunes plants que l'on veut garantir du ravage des courtillières de petites planches en bois ou de bandes de zinc ayant environ 10 centimètres de largeur. Il faut les enfoncer de 7 centimètres dans la terre et laisser en saillie 3 centimètres; on aura soin de pratiquer à chaque extrémité une entaille, de manière à pouvoir placer un pot vide entre les deux sans qu'elles aient apparence d'interruption. Ce pot doit être enfoncé de un à deux centimètres plus bas que la surface du sol ; les courtillières, en traçant leurs galeries, rencontrent les planchettes, qu'elles suivent naturellement; et elles tombent dans les pots où on les détruit.

On peut aussi mettre des bandes au travers des planches de semis, et des pots aux extrémités.

Un autre moyen plus efficace, est celui des chats. Ils sont élevés de père en fils à la chasse aux courtillières ; ils parcourent le jardin le matin, le soir et la nuit, moments où les insectes sortent de terre pour chercher leur nourriture. Les chats les happent et les mangent. On a remarqué que ce gibier les fait maigrir au lieu de les engraisser.

Tous les moyens ci-dessus sont bons pour garantir les semis de leur dégât tout en dé-

truisant les courtillières. Mais voici mainte-
nant le moyen le plus facile et le plus assuré
de les détruire ; il est aussi simple qu'écono-
mique. Du 15 au 30 septembre, pratiquez sur
quelques points du terrain infesté un trou
carré de 60 à 75 centimètres de profondeur
sur 50 de côté ou carré, puis remplissez-le de
fumier de cheval bien sec qui même n'ait
pas été mouillé ; tassez-le bien, et recouvrez
le fumier de tuiles ou de pierres plates, de
manière à opérer une pression tout en lui ser-
vant d'abri. Au mois de janvier ou de février,
retirez ce fumier, vous y trouverez toutes les
courtillières des environs. « Il m'est arrivé de
les compter par milliers, » dit M. Lacalm, au-
teur du système. (Extrait de la *Revue Horticole*
du 1er août 1868).

TABLE